AF250831

IDÉE POLITIQUE

D'UN

CONSERVATEUR CLÉRICAL

PAR

L'Abbé E.-J. BRUÉRY.

Un peuple exercera légitimement son droit réel de souverain dès qu'il reconnaîtra sincèrement qu'il vaut mieux obéir à Dieu qu'aux hommes. (Voir page 26)

CHEZ L'AUTEUR :

Au Plan de Grasse (A.-M.), Clos EMMANUEL-JOSEPH.

PRIX : 40 CENTIMES

NICE

TYPOGRAPHIE S. CAUVIN-EMPEREUR, LIBRAIRE-ÉDITEUR,
Rue de la Préfecture, 6.

1877.

IDÉE POLITIQUE

D'UN

CONSERVATEUR CLÉRICAL

 IDÉE POLITIQUE

D'UN

CONSERVATEUR CLÉRICAL

PAR

l'Abbé E.-J. BRUÉRY.

Un peuple exercera légitimement son
droit réel de souverain dès qu'il reconnaîtra sincèrement qu'il vaut mieux obéir
à Dieu qu'aux hommes. (Voir page 26)

CHEZ L'AUTEUR :

Au Plan de Grasse (A.-M.), Clos Emmanuel-Joseph.

PRIX · 40 CENTIMES.

NICE
TYPOGRAPHIE S. CAUVIN-EMPEREUR, LIBRAIRE-ÉDITEUR,
Rue de la Préfecture, 6.

1877.

OUVRAGES DU MÊME AUTEUR.

PROJET D'UN MÉMORIAL D'ENSEIGNEMENT CATHOLIQUE, AGRICOLE ET INDUSTRIEL, avec cette épigraphe : Évangéliser les Pauvres ! former en eux des travailleurs à la fois très chrétiens et très habiles en leur état.

Prix : 50 centimes, en faveur d'une bonne œuvre.

SOUS PRESSE :

LES PATRONAGES CATHOLIQUES DANS NOS PAROISSES RURALES.

L'USINE CHRÉTIENNE.

LE VRAI CHRÉTIEN.

JUSTICE ET CHARITÉ.

IDÉE POLITIQUE

D'UN

CONSERVATEUR CLÉRICAL

SOMMAIRE :

1. Pourquoi notre parole. — 2. En principe l'Eglise admet toutes les formes de gouvernement basées sur la loi divine (elle ne combat que l'anarchie provenant toujours de l'oubli de Dieu). — 3. Théorie et pratique au sujet du choix d'un gouvernement. — 4. Articles de Foi sur l'origine du pouvoir humain. — 5. Articles seulement autorisés, mais complètement affirmés par l'Eglise. — 6. En fait, conduite historique de l'Eglise dans ses rapports avec les nations. — 7. Doctrine des docteurs catholiques sur l'origine du pouvoir humain. — 8. Légitimité réelle d'un pouvoir soit monarchique soit républicain. — 9. L'union des deux principes du *Droit divin* et de la *Souveraineté du peuple* est seule admissible. — 10. La religion a été et sera toujours reconnue comme la base nécessaire de tout gouvernement. — 11. Les vertus chrétiennes catholiques sont seules capables de rendre les peuples heureux, *sous toutes les formes de gouvernement*, en leur apportant le plus véritablement possible, la Liberté, l'Egalité et la Fraternité. — 12. Conclusion.

---

§ I.

On a souvent prétendu, et principalement en France, qu'un Prêtre ne pouvait pas faire de politique. Rien n'est moins vrai, à notre avis, surtout au moment du danger ; alors que dans l'alarme générale, le vrai Patriotisme fait vibrer tous les cœurs, sans excepter, *comme on le voudrait bien pourtant*, ceux des Ministres du Sauveur Jésus.

Tout Prêtre comme Particulier, peut et doit, sous peine de félonie, manisfester son opinion politique qu'il puisera toujours, s'il est conséquent à lui-même, dans la seule doctrine de Jésus-Christ, en se rappelant sans cesse cette sentence de sagesse : *In necessariis unitas ; in dubiis libertas ; in omnibus charitas.* Dans les choses nécessaires, unité ; dans les douteuses, liberté ; dans toutes : charité.

Pour prouver le droit et le devoir que nous revendiquons ici, nous ne pourrons mieux faire, ce nous semble, que de rapporter les paroles encore toutes récentes de notre illustre écrivain l'abbé Postel. « Quant à ce fameux argument « *que le Prêtre reste dans sa sacristie,* » dit-il, « il est tout bonnement insensé. Tant que le « Prêtre paiera les impôts, subira les autres char- « ges et sera électeur comme tout le monde, il « possédera aussi les droits de tout le monde. Au « nom de quoi serait-il un Paria dans sa Pa- « trie ? Allez jusqu'au bout, si vous êtes logi- « ques, et dites : l'avocat restera dans son cabi- « net ; le juge dans son tribunal ; le négociant « dans sa boutique ; le journaliste dans son bu- « reau ; le fermier dans sa ferme, et le reste. Mais « alors pourquoi pas aussi l'ouvrier devant son « établi, dans son usine, dans sa fabrique ? Et que « restera-t-il ? Les chevaliers de la rue ? Ce n'est « guère et nous ne voyons point là le Peuple « français au nom de qui on prétend agir. »

Toutefois ce n'est pas précisément les membres du clergé en particulier qu'on a voulu condamner au silence. N'est-ce pas l'Eglise elle-même dans la Personne de ses chefs les plus Augustes et tout spécialement encore dans celle du Souverain Pontife ? Mais voyez combien miraculeusement à l'occasion du projet de loi Mancini, la divine Providence vient de montrer que son Eglise a le droit et le devoir de parler !...

Qu'à l'heure où nous sommes, nul ne l'ignore donc plus : l'Eglise a le droit et le devoir de parler, précisément parce qu'elle n'est pas une société secrète ; parce qu'elle ne travaille pas dans l'ombre, elle à qui il a été dit par son divin Fondateur : « ce que je vous dis à l'oreille prêchez-le sur les toits. » Sans doute en se souvenant de cette autre parole du Sauveur Jésus : « Il y aurait encore à vous dire bien des choses que dès à présent vous ne pourriez comprendre », elle apporte beaucoup de ménagements à promulguer ses doctrines ; mais c'est toujours publiquement qu'elle le fait.

§ II.

Ce que l'Eglise catholique cherche uniquement, c'est d'établir solidement partout dans le monde le règne des vertus chrétiennes ; le règne de notre seigneur Jésus-Christ dans tous les cœurs, afin d'y amener la paix, seule source du bonheur véritable. *Gloria in excelsis Deo et in terra, pax hominibus bonæ voluntatis.* Gloire à Dieu, dans les cieux ; et sur la terre : paix aux hommes de bonne volonté ; ou plutôt encore : aux hommes d'une volonté bonne. Tel est par excellence son cantique éternel.

Mais précisément parce qu'elle est catholique ou universelle, et qu'elle s'adresse aussi bien à toutes les nations qu'à toutes les époques, notre Sainte-Mère l'Eglise n'a, au sujet de *la forme des Gouvernements,* aucun parti politique. Malgré même les vices d'origine qu'ils peuvent avoir et qu'elle ne manque jamais de désavouer en leur temps, elle admet tous les genres de gouvernement pourvu qu'ils se montrent et soient réellement honnêtes et consciencieux selon les enseignements qu'elle leur transmet au nom du Sauveur Jésus.

« Allez, lui a dit le divin Maître, allez et ensei-
« gnez toutes les nations !..... Je serai avec vous
« jusqu'à la fin des siècles. »

Et elle va ; et tous les catholiques du globe lui disent en même temps : « ma Mère ». Et Elle, avec le même amour elle leur répond à tous : « Mes Enfants. » Or, cela serait-il possible si se mêlant comme partisan à toutes les divisions politiques, elle adoptait une forme de gouvernement à l'exclusion de toute autre ? — Non, cela ne se pourrait pas puisqu'en jetant les yeux sur la carte du monde, nous voyons disséminées çà et là toutes sortes différentes de gouvernements.

Et elle va ainsi durant tous les siècles. Or, voyez l'histoire en main, combien de fois dans le courant des âges, toutes les formes de gouvernement politique se succèdent dans les nations ; pendant que de son côté, comme sur le roc le plus inébranlable, elle reste toujours, en sa doctrine, dans l'immobilité la plus constante.

Et Elle ne cesse point d'ouvrir les bras à tous chrétiens qui lui sont soumis. Quelle que soit la forme de gouvernement qu'ils croient devoir ou du moins pouvoir adopter, ils sont toujours ses enfants ; elle est toujours leur Mère.

Donc, pour prêcher ainsi en tous lieux et en tous les temps, l'Eglise ne peut pas avoir de parti politique. Elle ne le peut pas non plus parce que partout et toujours elle s'adresse en même temps à tous les cœurs. Elle dit à tous, avec le Sauveur : *Fili præbe cor tuum.* Mon fils donne-moi ton cœur. Et dans tous les partis politiques, pourvu qu'ils soient honnêtes et acceptés par une conscience éclairée, elle trouve des hommes qui adorent le Père en Esprit et en Vérité ; qui suivent fidèlement notre Seigneur Jésus-Christ et se prosternent avec amour aux pieds de son, Vicaire ! Dans tous les partis politiques, honnêtes et consciencieux, elle trouve des catholiques sincères ; et tous, sans distinguer leur opinion, elle les serre sur son cœur en les appelant ses enfants.

Répétons-le, répétons-le : l'Eglise de Jésus-Christ ne peut pas avoir de parti politique parce qu'elle veut partout et toujours faire régner Jésus-Christ sur tous les cœurs.

Aux conditions que pour notre plus grand avantage elle nous pose, nous pouvons donc choisir tout à notre aise.

§ III.

Voici, pour ma part, les propositions que je formule et que nous pourrons discuter ensuite :

1° En théorie, toutes les formes de gouvernement sont bonnes ou mauvaises, selon que considérées en elles-mêmes, elles sont ou non, honnêtes et consciencieuses ; c'est-à-dire, selon qu'elles admettent et favorisent ou non, les vertus chrétiennes véritables ; ou soit l'accomplissement de la loi de Dieu.

2° En pratique, elles ne sont applicables que selon l'état moral des peuples qu'elles doivent diriger.

3° La forme du gouvernement dans un pays doit donc dépendre des désirs vraiment sages, et vertueux, directement ou indirectement, exprimés par le plus grand nombre.

4° Et, pour éviter les surprises toujours fâcheuses des révolutions, on ne doit jamais chercher à la changer radicalement par soubresaut ; mais il est indispensable de l'améliorer, de plus en plus, quoique, peu à peu, et comme insensiblement, en travaillant principalement à rendre chacun des membres des populations vraiment chrétien et vraiment habile dans son état, ou sa profession.

Considérant ensuite en elles-mêmes ces formes de gouvernement que nous réduirons à trois principales, nous raisonnerons ainsi :

1° La République VÉRITABLE est le gouvernement le meilleur ; mais aussi le gouvernement des Meilleurs ou des Parfaits ; de ceux qui ont vraiment les vertus chrétiennes.

2° A son opposé l'Autocratie soit royale, soit impériale ou tout autrement dénommée, peut avoir son bon côté, lorsque celui qui l'exerce possède essentiellement les vertus susdites ; et que la nation à gouverner ne les a pas, ou les a moins. C'est alors le cas de l'Enfant rebelle qu'on doit maîtriser et corriger.

Mais il nous paraît peu admissible que le principe de l'hérédité soit essentiellement bon en lui-même, attendu qu'on ne peut pas toujours dire : tel Père, tel Fils ; et que par conséquent, après un excellent Gouvernant, il peut en fournir un très-mauvais.

3° Entre ces deux extrêmes, se trouve un moyen terme qui paraît plus spécialement à notre époque, être le désiré des Francais : le Gouvernement *vraiment représentatif* ; c'est-à-dire celui où :

1° Les électeurs sont assez instruits pour savoir réellement ce qu'ils font : et ont au soleil de leur pays quelque grave intérêt à sauvegarder, pour y désirer constamment la paix et la tranquillité.

Et, en outre : 2° Celui ou les Elus aux états généraux reçoivent leur cahier des charges, dans les états particuliers des Provinces, vis-à-vis desquels ils restent responsables de l'accomplissement de leur commission.

Ce ne serait ni pour manifester un désir, ni

encore moins pour adresser une flatterie que nous pourrions parler ici des qualités d'un chef du pouvoir exécutif.

§ IV.

Voyons maintenant, si choisissant ainsi, soit en théorie, soit en pratique, l'une ou l'autre de ces trois formes principales de gouvernement, nous serons toujours, et pour le moins, dans l'esprit de l'Eglise catholique.

Voici tout d'abord les grands principes qu'au sujet des pouvoirs humains, l'Eglise pose d'une manière incontestable, et comme objets de notre foi :

1° *Les pouvoirs humains émanent de Dieu.* En effet, toute autorité réelle découle originairement de Dieu, et sous quelque forme qu'elle doive s'exercer, elle ne peut avoir d'autre source : *non est potestas nisi a Deo.* (ROM. XIII, V. I.)

2° Donc : *ils ont droit à un respect et à une soumission dictés par la conscience.* En d'autres termes : Tout pouvoir humain constitué légitimement ou de manière à montrer son origine divine, doit être respecté et obéi non-seulement par un motif de nécessité égoïste, ou de crainte mercenaire, mais encore et surtout par un principe de conscience et de foi. *Subditi estote, non solum propter iram ; sed etiam propter conscientiam.* (ROM.V.) *Subjecti estote propter Deum.* (I PETR. II V. XIII.)

3° Donc encore : *ils sont inviolables et ne peuvent être insultés et anéantis par des agressions révolutionnaires, sans un attentat qui tient du sacrilège.* C'est-à-dire que si par le seul motif qu'ils déplaisent, on leur résiste de fait ; on les ébranle et on les renverse en ameutant contre eux la multitude aveugle , les factions turbulentes

qu'on ose si injustement appeler le peuple, la
nation ; on commet un crime que Dieu réprouve
comme s'adressant à lui-même ; et on se voue à
une réprobation certaine. *(Qui resistit potestati,
Dei ordinationi resistit. Qui autem resistunt,
ipsi sibi damnationem acquirunt.* (Rom. xiii..2.)

4° *Le seul cas de résistance possible et obliga-
toire* aux pouvoirs humains, est celui où ils im-
poseraient des ordres ou des défenses contraires
à la loi divine ; car dès lors perdant leurs droits
légitimes et divins, on leur répondrait cette grande
parole des Apôtres : *Obedire oportet Deo, magis
quam hominibus.* C'est à Dieu plutôt qu'aux hommes qu'il nous faut obéir. (Act. v. 29.)

§ V.

Au sujet des deux propositions que nous ajou-
terons ici, l'Eglise n'a jamais rien défini que je
sache, de bien catégorique: mais nous prouverons
qu'elle en autorise, et en accepte même l'affirma-
tion la plus complète.

1° Le pouvoir humain provenant primitivement
de Dieu seul, doit avoir ici-bas un premier dépositaire jouissant du droit de déterminer non-seulement une première fois, la forme sous laquelle
s'exercera sa puissance ; mais encore plus tard, et
dans des conditions prévues, de la remplacer par
une autre qui lui semblera mieux proportionnée à
l'esprit des temps et à ses propres besoins ; de
manière même qu'à un moment donné, la société
qu'il régit passe, à son gré, de la monarchie à la
démocratie, ou réciproquement.

Nous disons dans *des conditions prévues,* pour
marquer que pour être légitime ou, selon la loi
divine, cette transformation s'accomplit d'une
manière pacifique et normale ; sans secousse et

sans révolte ; par des voies régulières et pour des
motifs de bien public ; et non par conséquent,
dans des vues capricieuses, désordonnées et révolutionnaires. Les progrès et les perfectionnements
les plus réels et les plus complets de l'humanité
découleront toujours plus sûrement de décisions
prises dans la paix et dans le calme de la réflexion
que du trouble et du désordre d'une révolution
qui sera toujours pour nous un malheur et un crime : dans ses préliminaires, dans ses actes même
de triomphe, et dans la plupart des résultats ulté-
rieurement obtenus par elle.

« Ce qui prépare en effet une révolution c'est
ordinairement l'impiété, la haine, la cupidité,
la licence qui se réunissent pour former le
nuage d'où sortira la tempête destinée à bou-
leverser le monde social. Ses actes sont tout
d'abord une rébellion, une révolte coupable
pour arriver à l'anéantissement d'un ordre de
choses établi par Dieu ; et ses moyens ne sont pas
autres que des droits violés ; des spoliations com-
mises ; des proscriptions prononcées, des têtes
honorables sacrifiées et des ruines amoncelées.

« Quant aux résultats ultérieurs qu'elles enfan-
tent, s'il peut y en avoir quelques-uns d'heureux,
combien de fâcheux peut-il en rencontrer en plus
grand nombre ? Des abus séculaires pourront sans
doute être moissonnés et consumés par le fer et par
le feu ; mais aussi, que d'institutions précieuses
devront en même temps, périr à tout jamais. Des
droits précédemment méconnus seront alors pro-
clamés ; mais que d'excellents principes aurons-
nous la douleur de voir sombrer dans les eaux
subitement accrues du torrent essentiellement
dévastateur !...

« 2° Et quel est le premier dépositaire de la puissance humaine, provenant primitivement comme

nous l'avons dit, de Dieu seul ? Ce premier Dépositaire c'est la *masse-même de la Nation*.

Il s'agit de bien nous entendre tout d'abord sur la portée de ces derniers mots. Par Nation, nous entendons, sans doute, l'ensemble du Peuple ; mais du Peuple honnête, paisible et essentiellement respectueux. soit par conviction, soit seulement par intérêt, de l'ordre public.

Car sans cela, répétons-le encore, tout pouvoir humain perdrait son droit légitime et divin ; et par suite. toutes ses prérogatives précitées.

Par Nation, nous n'entendons nullement une partie gangrenée du corps social, mais l'ensemble de ce corps avec ses organes sains et purs. Et nous faisons ici abstraction de ce qu'on peut bien plutôt appeler l'écume de la Nation, que la Nation elle-même : de cette minorité fanatique ou perverse ; de cette poignée d'êtres sans lumières, sans mœurs et sans *racines* quelconques qu'on voit flotter à la surface des peuples. prêts à se vendre au premier ambitieux, ou au premier imposteur qui voudra les soulever ou les surprendre. Bien loin de constituer la Nation, ils n'en sont qu'un atôme impur qui doit s'abîmer dans la majorité populaire pour en suivre les décisions et la destinée.

On ne pourra jamais prétendre que ces deux dernières propositions ne soient pas selon l'esprit de l'Eglise, qui en pratique les admet d'une manière explicite, puisque comme nous l'observions dès le début, elle n'est radicalement hostile à aucune forme de gouvernement réunissant toutes les conditions de l'ordre moral, mais seulement à toute anarchie ; et qui, en théorie, en a laissé proclamer librement la doctrine par les docteurs catholiques, dont on nous permettra de citer ici, seulement les principaux.

§ VI.

Nous croyons de là plus grande importance d'insister tout d'abord, comme sur une première preuve essentielle, et en y revenant une fois de plus, sur la conduite constamment tenue par l'Eglise catholique, dans ses rapports avec les nations, au sujet de leurs différents faits sociaux. D'ailleurs rien n'est plus intéressant que d'étudier combien dans le cours des âges, elle a su s'accommoder à toutes les formes diverses de gouvernement, sans s'identifier avec aucune ; et en se pliant également, et aux plus absolues et aux plus libérales, tant que la loi de Dieu ou l'ordre public n'ont pas été atteints par elles.

Voyons-la sous les Césars romains : elle désavoue leurs erreurs, gémit de leurs dépravations ; mais elle respecte leur pouvoir alors même qu'il était pour elle persécuteur et barbare.

Au moyen-âge elle rencontre sur sa route les Républiques italiennes de Gênes, de Venise, de Pise, de Florence ; et elle y règne bienfaisante, tutélaire, modératrice, en même temps que bénie et respectée.

En des époques plus modernes elle a la gloire de former en Suisse, de bons, de parfaits citoyens, comme elle a eu tout dernièrement l'honneur d'y voir des pontifes exilés pour le nom de Jésus-Christ. Et dans les Etats-Unis où on a signalé l'idéal du gouvernement républicain, on la voit se distinguer par un respect souverain pour la Constitution ; et au mois de mai de la présente année 1877, l'évêque de New-York est venu déclarer au pape Pie IX, combien son Eglise y vivait calme et tranquille.

Et nous-mêmes Français, à ces dernières heures

à peines écoulées de notre àge historique, lorsque
nous passions du régime absolu au régime consti-
tutionnel en affirmant que c'était un progrès ; et
qu'ensuite nous échangions celui-ci contre un
régime démocratique pour en venir, bientôt après,
à goûter de l'empire auquel devait succéder encore
une République…. que faisait l'Eglise?

Comme une mère compatissante qui veille au
chevet d'un enfant malade, loin de partager l'en-
thousiasme d'un espoir trop momentané ; et sans
vouloir non plus laisser trop entrevoir les suites
fâcheuses d'un changement trop subit et trop
radical de position, elle se contentait d'admettre,
en l'affermissant le plus possible, tout ce qui pouvait apparaître de bonne volonté pour faire triom-
pher, avant tout, l'ordre public qui n'est pas autre
chose que la justice générale, ou la loi essentielle
de Dieu.

Mais ne va-t-on pas m'accuser ici, de vouloir
tenir cachée la conduite de l'Eglise vis-à-vis des
gouvernements absolus? De deux choses l'une : ou
leur absolutisme était oppresseur et coupable, et
alors l'Eglise a réclamé ; ou bien, il était légitime,
sage et opportun ; et alors il est vrai, l'Eglise l'a
reconnu et protégé.

Alors que lâchement les hommes d'Etat applau-
dissaient ; que les philosophes justifiaient, et que
les nations tout abattues étaient plongées dans un
morne silence, vous plaisait-il d'écouter la voix
qu'élevait énergiquement l'Eglise catholique pour
rappeler la dignité et les droits des peuples en
disant fièrement aux princes de se souvenir qu'a-
près tout ils étaient pétris du même limon que
leurs sujets ; et que leur puissance si vaste qu'elle
fût ayait aussi, de même que l'Océan, des bornes
infranchissables !

Vous tous qui accusez si sottement notre Eglise

de consacrer et de déifier tous les absolutismes, avez-vous jamais lu les magnifiques lettres de saint Nicolas Ier, aux empereurs de Constantinople?... Avez-vous jamais entendu et compris surtout, les courageuses leçons de Grégoire VII et d'Alexandre III aux Henri, et aux Frédéric de Germanie?

Vous tous dont le principe historique est de mentir, sous le prétexte piteux qu'il restera toujours de vos calomnies quelque tache de honte, pourquoi en faveur d'une telle accusation vous serait-il permis de déchirer la page mémorable écrite pourtant avec tant de véracité, par le protestant Robertson, pour constater les héroïques réclamations des Missionnaires Dominicains, ayant à leur tête Barthélemy de las Casas ; à la première époque de la découverte du nouveau monde ; lorsque la royauté Espagnole jetait en un horrible esclavage tous ses nouveaux sujets.

Et si cependant il se rencontre qu'un gouvernement absolu soit pour une nation le seul régime régulier, et légitime et par cela même le seul possible, comme répondant le mieux au caractère et au degré de civilisation de ses peuples ; comme remplissant le mieux son vœu d'assurer malgré tous les obstacles, son bien physique et moral? Alors ne faudra-t-il pas féliciter l'Eglise catholique de reconnaître et de respecter la légalité, la légitimité de cet absolutisme en l'entourant de ses sympathies et le consacrant de ses suffrages ; en tenant sincèrement à lui et à sa prospérité, précisément à cause de ses bienfaits et de son à-propos ?

§ VII.

Nous avons promis la doctrine des Docteurs catholiques en faveur des deux propositions qui ont suivi nos points de dogme au sujet de la théorie des pouvoirs humains.

Commençons par ouvrir l'immortel dialogue de Saint Augustin sur le libre arbitre : (1) « Est-ce que par hasard, y est-il dit en propres termes, les hommes et les peuples ressembleraient aux choses inertes de manièrd que ne pouvant ni périr, ni même changer, ils soient pour ainsi dire éternels ? Ou bien sont-ils changeants et soumis à passer par des âges divers ? — Evodius : on ne peut douter que le genre humain ne soit condamné à changer et à subir l'action du temps. »

« Donc, si le peuple, à un degré convenable, se trouve modéré et grave ; s'il est assez respectueux partisan du bien général pour que chacun de ceux dont il se compose, subordonne ses intérêts privés à ceux de la chose publique, ne sera-ce pas une constitution sage que celle qui lui permettra de nommer les magistrats destinés à protéger la fortune privée et à gouverner l'ensemble du corps social ? — Evodius : sans doute. »

De son côté Saint Thomas d'Aquin (1), sous le règne même de Saint Louis, nous parle ainsi : « La meilleure organisation du gouvernement est celle d'une cité ou d'un royaume où un seul homme est établi pour commander à tous *à raison de son mérite ;* où au-dessous de ce chef suprême, plusieurs participent au pouvoir *dans la proportion de leur valeur personnelle* de façon toutefois que *la puissance appartienne à tous :* soit parce que les magistrats pourront être pris dans tous les rangs ; soit parce qu'ils seront élus par tout le monde.

____

(1) August, *De libero arbitrio*, lib. 1, C. VI, édit. de Gaume 1836, t. 1. pars II, p. 937-938.

(2) Thom. I, 2ᵉ *Quæst.*, C. V., art. cle Iᵉʳ, tome 1, édit. de Paris 1663, p. 222 et 223.

« Cet ordre de choses, ajoute-t-il, réunit toutes les formes sociales dans une heureuse combinaison. Il tient de la monarchie en ce qu'un seul se trouve au sommet ; de l'aristocratie, en ce que d'autres sont associés au gouvernement suivant le degré de leurs mérites ; de la démocratie, en ce que les princes ou magistrats peuvent être tirés des classes populaires, et que c'est au Peuple qu'appartient l'élection de ceux qui doivent le conduire. — Et voilà précisément le genre de constitution qu'établit autrefois la loi divine. »

Après le témoignage du Dominicain Saint Thomas. je vous apporterai celui d'un Jésuite et Cardinal, l'illustre Bellarmin (1). « Sans doute la puissance politique, l'institution générale des gouvernements est de droit divin selon cette parole de Saint Paul : *omnis potesties a Deo.* Mais ce pouvoir émané de Dieu en qui repose-t-il immédiatement comme dans son sujet ? *Dans la masse de la nation ; in tota multitudine.* Car le droit divin ne la donnant à personne en particulier ; c'est donc l'ensemble du peuple qu'il en fait dépositaire ; *ergo dedit multitudini.*

« Ce pouvoir descendu d'en haut et remis aux mains de tous doit se concentrer, par le droit de nature, dans les mains d'un seul ou de quelques-uns : car la République, ou en d'autres termes, la communauté, ne peut exercer l'autorité par elle-même Donc elle est tenue de la confier à un seul chef ou à un nombre restreint de magistrats ; donc à ce titre, on peut dire que le pouvoir des Princes. envisagé d'un point de vue général, est de droit naturel et divin. *Hoc modo potestas principum in genere considerata, est etiam de jure naturæ et divino.*

____

(1) Bellarmin, *Controvers.*, lib. III, cap. VI ; *De Laïcis,* édition de Cologne, 1615, t. II, p. 209.

« Quant aux formes particulières de gouvernement, continue notre grand docteur, elles sont de droit national et non de droit naturel, *de jure gentium, non de jure naturæ.* Car la communauté est pleinement maîtresse à l'origine d'établir un roi, des consuls ou d'autres magistrats pour la gouverner ; *ut patet* : comme c'est incontestable. *Et si une cause légitime* se présente, elle peut changer une monarchie en gouvernement aristocratique ou démocratique ; ou au contraire, comme nous lisons que les choses se sont passées à Rome ; *ut Romæ factum legimus.* »

Je citerai encore un Jésuite célebre ; le Théologien Suarez (1) : « Le pouvoir suprême n'est conféré immédiatement par Dieu qui en est l'auteur, qu'à la communauté parfaite ; et c'est par elle qu'il est dévolu à la personne qui l'exerce. »

« Les constitutions politiques des états, ajoute-t-il, ne sont pas révélées ; autrement elles seraient immuables et tout changement qu'y apporteraient les hommes serait un sacrilége. — Ce que Dieu veut , ce que Dieu a fait n'est que la loi de l'existence d'un pouvoir pour chaque peuple : *in unaquaque gente deposuit rectorem ;* mais quant aux formes et aux conditions d'un tel pouvoir, il les a laissées au choix et à la sagesse des Nations. »

Nous voyons en effet et ce serait ici une nouvelle preuve pour affirmer nos deux propositions ; nous voyons que les nations ont toujours exercé ce droit sur une vaste échelle. Leur histoire politique n'est que l'histoire des vicissitudes du pouvoir ; elle n'est que le récit de la manière dont elles l'ont établi ; en ont réglé la succession, et modifié les formes. Et lorsque tout cela s'est ac-

---

(1) **Suarez,** De *défens. fid. cath.*, etc.

compli régulièrement, le tribunal du droit public,
ainsi que les princes eux-mêmes et l'Eglise, l'ont
trouvé bon et légitime.

§ VIII.

Vous remarquez sans doute, cher, lecteur, combien il est de l'esprit de l'Eglise et de ses théolo-
giens que nous progressions dans les vertus réelles
du christianisme pour que, faisant partie de ce que
Suarez appelle si bien la communauté parfaite,
nous puissions exercer en vrais et bons citoyens les
droits nationaux. C'est ce que marque si formellement Saint Augustin réclamant comme nous
l'avons vu, pour chacun des membres du Peuple
électeur, la gravité et la modération, ainsi que le
plus grand désintéressement qui porte à respecter
le bien général et même à subordonner les intérêts
privés à ceux de la chose publique.

Le même Saint Augustin propose même pour le
cas où le peuple n'aurait plus ces vertus nécessaires, une question importante à étudier.

« Mais ensuite, dit-il, si ce peuple insensiblement
dépravé en vient à préférer l'avantage personnel
à l'utilité publique; s'il met son suffrage à l'enchè-
re, et que corrompu par des hommes avides d'honneurs il aille confier le droit de le régir à des misé-
rables et à des scélérats: est-ce qu'alors un homme
de bien, s'il s'en trouve encore en lui, qui ait de la
puissance, n'agira pas sagement en arrachant à
la foule le pouvoir de distribuer les honneurs pour
les concentrer en les mains de quelques citoyens
honnêtes ; et au besoin, dans celles d'un magis-
trat unique ? — Evodius : oui, certainement. »

Il ne s'agit pas ici d'un simple Usurpateur qui
dans l'unique ou au moins dans le principal but
de son intérêt particulier viendrait renverser un

gouvernement pour s'en emparer. Celui-là serait infiniment coupable d'après même les articles de foi que nous avons posés tout d'abord. Et l'Eglise d'ailleurs a formellement condamné comme hérétique la doctrine qui reconnaîtrait aux citoyens privés le droit d'un acte quelconque contraire à l'autorité publique généralement et clairement reconnue légitime.

Pour éviter toute équivoque il est essentiel de bien se rendre compte de la portée exacte, du sens précis de ce dernier mot.

La *Légitimité* est le droit d'une société politique de rester dans les conditions d'ordre et de liberté qui l'ont constituée. Et ce qui établit, ce qui constitue ce droit légitime, cette légitimité c'est précisément l'ordre et la liberté véritables existants selon la loi et la volonté divines.

D'où il suit que toute société a sa légitimité naturelle quelle que soit sa forme de constitution fondamentale ; et qu'il y a une légitimité dans la République comme il y en a une dans la Monarchie.

D'où il suit encore que le crime est égal pour un citoyen privé n'écoutant que son intérêt particulier, pour renverser l'une ou pour renverser l'autre.

Nous rejetons donc le cas d'une usurpation coupable et condamnée, pour n'admettre que celui où l'intérêt général étant en souffrance, réclame à grands cris les secours providentiels d'un homme de bien qui, prenant énergiquement en main le pouvoir abandonné, se montre véritablement chef et conducteur de peuples, en ramenant les générations égarées dans la terre promise de l'obéissance et du devoir. La légitimité du pouvoir nouveau de cet homme se reconnaîtra et dans le mouvement social et providentiel qui l'annonçait et le préparait en le faisant fortement désirer ; et dans l'éclat des services rendus par son œuvre glorieuse de civilisation ; et dans le consentement de la nation qui acceptera et proclamera son sauveur et son maître.

Si à la mort de cet homme, la nation pour continuer à lui manifester sa reconnaissance veut bien le remplacer par son propre fils ou son plus proche descendant, on ne devra jamais oublier qu'elle a toujours le droit de poser à sa tête un chefc hoisi, comme le disait Saint Thomas d'Aquin, *à raison de son mérite* ; et même celui, comme le disait Bellarmin, de remplacer la monarchie par la république.

Sans méconnaître le consentement au moins tacite mais toujours révocable, d'une nation qui préfère exercer son droit d'électeur en disant simplement à l'époque voulue, le Roi est mort ; vive le Roi ; je ne vois rien dans notre système adopté si sagement par l'Eglise sur l'origine des pouvoirs humains, qui puisse établir dans les dynasties quelconques un prétendu droit de légitimité qui devrait être intrinsèque pour être réel, et qui consisterait en ce qu'un même sang transmis de race en race, donnât à la même nation des souverains, tant que cette nation subsisterait.

§ IX.

Il ne peut y avoir sur l'origine et la légitimité des pouvoirs humains que trois théories ou trois systèmes dont les deux premiers : celui du droit divin, et celui de la souveraineté du peuple ; pris chacun séparément ou d'une manière absolue; conduisent à des conséquences inadmissibles; mais qui se concilient parfaitement dans un troisième dont l'excellence va nous apparaître dans toute sa clarté.

En effet, de même que le principe du droit divin pris dans son sens absolu, n'est que la déification du despotisme et de toutes ses folies ; de même pris dans le même sens, le principe de la souveraineté du peuple, n'est que la déification de l'anarchie et de toutes ses horreurs.

Mais si en écartant ce que ces systèmes renferment de faux et de dangereux, on réunit pour en former un tout, ce qu'ils contiennent de raisonnable et de vrai, on aura cette doctrine seule admissible : *tout pouvoir politique lorsqu'il se donne pour but l'établissement de l'ordre moral de la loi divine à sa première raison et sa source originaire en Dieu ; (il est de droit-divin). Mais il ne peut être conféré directement et immédiatement que par la communauté parfaite de la nation, et ne peut être modifié et changé que par elle seule, dans des circonstances données.*

Les partisants du droit divin *quand même* vont jusqu'à admettre cette conclusion aussi fausse en son principe que déplorable dans son application pratique: tout Pouvoir public venant directement et exclusivement de Dieu seul, ne doit rendre compte qu'à Dieu de tous ses actes. Il ne pourra donc jamais, quelle que soit sa conduite, être dépouillé de son droit et de son autorité. Il devra être subi quel qu'il soit, et malgré ses écarts, par la société qu'il est appelé à régir... C'est là l'idolâtrie, le fétichisme de l'homme ; c'est la consécration de l'oppression et l'apothéose de la tyrannie.

Là conscience publique se révolte contre une telle doctrine que la raison condamne et dont la religion même s'effraye !... Quel est celui qui pourrait à notre époque, l'admettre ouvertement et complètement ? Cependant l'esprit païen auquel on voudrait nous ramener en nous arrachant des bras de l'Eglise catholique, nous y conduit tout droit. Les empereurs romains avaient pour principe de se faire reconnaître non-seulement comme envoyés de Dieu, mais encore comme dieux-mêmes !...

Voilà donc jusqu'où descend l'abus de ce système pris isolément : d'après lui la société politique serait désarmée contre des chefs portant atteinte à son existence et à son bien-être, en se livrant impunément à toute sorte d'excès.

Les abus du système de la souveraineté du peuple, pris en lui-même et en lui seul, dans un sens absolu ou exclusif de tout autre, ne sont pas moins grands et moins désastreux.

Etablir en principe que toute autorité, tout pouvoir public vient de l'homme seul et n'a sa raison d'être que dans la volonté ; ou plutôt et principalement dans le caprice et la fantaisie de l'homme; n'est-ce pas effacer du front de la souveraineté du peuple tout cachet moral? C'est la dégrader en en faisant un simple jouet ; c'est l'anéantir en la rendant impossible.

Telle est pourtant la pensée réelle des radicaux révolutionnaires dont le but est précisément de substituer à la force du droit, le droit de la force ; et à la règle de conscience établie par Dieu les volontés changeantes d'une multitude aveugle.

C'est le régicide qui, sous le prétexte d'arracher la société à la tyrannie d'un seul. la livre à la pire espèce de toutes les tyrannies : la tyrannie d'une populace ignorante et méchante.

Sont-ils donc assez profonds et assez redoutables ces deux abîmes ; ces deux gouffres béants au milieu desquels il nous faut pourtant conduire nos pas; sont-ils assez profonds et assez redoutables. pour que nous devions témoigner notre reconnaissance éternelle à l'Eglise catholique, si par son esprit

de conciliation et par le moyen des vertus qu'elle
nous propose, elle peut nous guider au milieu
d'eux, sans nous y laisser prendre aucun mal?
Nous sommes, en effet, obligés d'admettre avec
elle, sur l'origine et la légitimité des pouvoirs humains, la concomittance des deux principes du droit
divin et de la souveraineté du peuple, selon toutes
les explications que nous avons données jusqu'ici.
Et nous n'aurons jamais assez de voix pour proclamer assez hautement notre grand principe for-
mulé ainsi.

Un peuple exercera légitimement son droit réel
de souverain, dès qu'il commencera à reconnaître
sincerement en lui-même qu'il vaut mieux obéir à
Dieu qu'aux hommes.

Ce sera alors, mais seulement alors : lorsqu'il
basera sa constitution et toutes les formes quelconques de son gouvernement, sur la complète et sin-
cère observance de la loi divine ; sur la pratique
des vertus chrétiennes, les seules vraiment sociales, dont les principales sont la justice et la charité que nous aurons à étudier plus profondément
dans un prochain écrit ; sur la pratique des vertus
chrétiennes dont nous trouvons d'ailleurs la réu-
nion, l'ensemble et comme le résumé, dans celle
de l'amour de Dieu.

§ X.

Que l'idée de Dieu doive prédominer dans toutes les conceptions politiques comme base seule
solide d'une constitution gouvernementale, on l'a
reconnu de tous temps et même avant l'établissement du christianisme. Voyez si les législateurs
les plus anciens, Solon à Athènes, Lycurgue à
Lacédémone, Zaleucus chez les Locriens et Numa
à Rome, ont eu la pensée de fonder une société
sans religion. Et assurez-vous ensuite si cette

même pensée n'a pas été approuvée comme des plus utiles et des plus nécessaires par les philoso-phes, qui à cette époque étaient les plus versés dans la connaissance des hommes : les Platon, les Cicéron et les Marc-Aurèle même ?

A la fin du dix-huitième siècle, au milieu même des fureurs de notre grande révolution, alors que la religion était muette, ayant tous ses temples fermés; alors que toutes les vertus étaient érigées en crime et tous les crimes en vertus ; la Vérité, commençant à redonner quelques clartés à travers les ténèbres pour rechauffer un peu les âmes glacées par la terreur, on put lire gravée sur tous nos édifices publics cette proclamation qui était un hommage éclatant rendu aux doctrines sacrées :

Le peuple français reconnaît l'Être suprême et l'immortalité de l'âme.

C'était le vœu, le désir manifesté par Jean-Jacques Rousseau dans le contrat social où, tout en réclamant la liberté la plus illimitée, il demandait cependant qu'on dressât une formule de foi civile par laquelle tout citoyen ferait serment de professer le dogme de l'existence de Dieu, de la Providence et de la vie future ; voulant que celui qui refuserait d'y souscrire fût banni comme insociable ; et que celui qui, après l'avoir prêté, s'y montrerait infidèle, fût puni de la peine de mort.

Mais ce qu'il y a de déplorable à remarquer, c'est que la plupart des gouvernants que nous avons eus en France, depuis cette époque désastreuse, n'ont admis en pratique ces principes religieux que comme des moyens et non comme un but essentiel qu'il fallait rechercher précisément pour lui-même. Ils n'étaient pas assez intimément persuadés de ces vérités pourtant si réelles :—que le but de la vie et de l'existence aussi bien pour les particuliers que pour les nations c'est d'accomplir ici-bas sur cette terre, aussi bien qu'elle l'est dans le ciel, la volonté de Dieu : *Fiat voluntas tua sicut in cœlo et in terra.*—Qu'il faut tout d'abord chercher à établir le règne de Dieu par la justice; et que tout le reste dont nous pourrons avoir besoin, nous sera alors donné comme par surcroît. *Quœrite primum regnum Dei et justitiam ejus et hæc omnia adjicientur vobis.* (Math. vi, 33, Luc. xii, 31.)

Enfin, que servir Dieu c'est régner non seulement sur ses propres passions, mais encore sur celles de l'humanité tout entière.

Ils n'avaient pas sur ces vérités des convictions assez réelles et profondes qui pussent leur faire embrasser la religion en toute franchise, comme en toute confiance, pleines et entières. De là tous ces tours et ces demi-tours à droite et à gauche sous le spécieux prétexte de ménager les divers partis politiques et sociaux dont l'union et la conciliation, si désirables en tout temps, ne pourra jamais se rencontrer que dans le Cœur du vrai Sauveur de l'humanité, et dans cet amour de Dieu que précisément il nous a si bien montré comme notre principal et même notre unique trait d'union.

C'est ce que nous voyons, en effet, dans cette magnifique prière du *Pater*, qu'il a daigné nous enseigner lui-même. L'Etre suprême nous y est proposé comme notre Père à tous : *Pater noster;* notre Père dont nous devons désirer et procurer la glorification et le règne parmi nous ; et auquel nous devons demander pour chacun de nous, d'abord le soutien quotidien et puis la grâce du pardon en posant nous-mêmes la condition de l'accorder de notre côté à tous ceux qui nous auront offensés.

Rien n'est plus sublime que cette oraison Dominicale que Dieu seul pouvait mettre dans nos cœurs et sur nos lèvres, et à laquelle l'Eglise catholique ajoute avec tant d'à-propos la salutation angélique, et la demande de protection adressée à celle que notre Seigneur Jésus-Christ daignait nous désigner comme notre Mère d'adoption, pour nous témoigner, sans doute, avant d'expirer sur la croix, combien il tenait à augmenter tous ses droits de pouvoir se dire à tout jamais notre Frère à tous?

Notre fâcheuse indifférence ; notre refroidissement dans la Foi chrétienne ; notre manque d'amour pour notre Père, pour notre Frère, et pour notre Mère à tous, nous empêchent de comprendre à notre époque actuelle, les prodiges d'union et de force opérés par saint Dominique proclamant au nom de Dieu sur la terre, cette institution si admirable que, tout d'abord, nous osons à peine appeler de son nom ; cette institution qui puise précisément dans sa simplicité, aussi bien que dans sa sublimité, son caractère si réel d'universalité et de popularité ; l'institution du chapelet du Rosaire !

Oui, entendez-le bien, vous tous qui voudriez sourire, je parle des prodiges d'union et de force opérés par le chapelet du Rosaire, consistant en la récitation du *Pater* et de l'*Ave Maria* en portant notre pensée méditative sur les principaux mystères de notre sainte Religion. Et tout cela je le dis pour nous faire comprendre une fois pour toutes que le salut temporel aussi bien que le salut éternel ; que le salut physique aussi bien que le salut moral ne nous viendront que d'en haut en élevant nos cœurs vers le Tout-Puissant, sans oublier toutefois la vérité du proverbe qui nous dit : Aide-toi ; le Ciel t'aidera ; sans oublier comme il nous reste à le voir, la pratique des vertus chrétiennes-catholiques.

§ XI.

Pour compléter ce présent travail qu'on trouvera sans doute déjà beaucoup trop long, il faudrait insister ici sur ces deux idées capitales : sans les vertus chrétiennes-catholiques toute forme de gouvernement ne peut pas remplir son but qui est de rendre les peuples le plus heureux qu'il soit possible de l'être ici-bas ; et qu'au contraire avec ces mêmes vertus toute forme quelle qu'elle soit en est parfaitement capable.

Nous sommes obligés de nous arrêter actuellement ici sur cette seconde proposition, en ramenant pour cela toutes les vertus chrétiennes à une seule : l'Amour de Dieu qui est en effet le principal anneau de la chaîne mystérieuse où elles se trouvent si bien réunies, qu'on ne peut pas en posséder réellement une seule qui soit isolée de toutes les autres.

Et je dis qu'avec l'Amour de Dieu on arrive au but que peut se proposer tout bon gouvernement humain ; on arrive à contenter les aspirations les plus intimes et les plus universelles du bonheur de l'homme ici-bas.

Et d'abord celles pour la liberté la plus réelle et la plus complète possible ; celle à laquelle nous donnons le nom de liberté des Enfants de Dieu.

Ama Deum et fac quod vis, nous dit Saint Augustin ; Aimez Dieu et faites ensuite tout ce que vous voudrez. En effet, dès que notre volonté sera par l'amour de Dieu, rendue conforme à celle du Principe même de tout bien, nous serons dans la voie de la vie et du bonheur. *Ego sum via, veritas et vita.*

Je suis, a dit notre Seigneur, la voie, la vérité et la vie. Faisons-le donc régner dans nos cœurs ce

Sauveur Jésus et il nous conduira, nous éclairera pour nous faire vivre de la vie véritable ou dans l'exercice régulier et la satisfaction la plus complète possible de toutes nos facultés. Sans aucune contrainte et en toute liberté au contraire, l'amour de Dieu nous portera malgré toutes les difficultés qui pourraient se présenter, jusqu'à l'héroïsme des vertus. C'est là ce qui se passe plus spécialement tous les jours et à toute heure dans les communautés religieuses où règne le véritable esprit chrétien et catholique ; le véritable amour de Dieu. C'est là ce qui se passe aussi dans telle ou telle maison soit riche soit pauvre où, malgré les tribulations de cette vie d'épreuves. on aperçoit sur tous les fronts le resplendissement de la joie véritable ; celle du contentement que procurent le calme de la conscience et l'accomplissement du devoir : les consolations de l'espérance chrétienne et les enivrements inexplicables des dévoûments de notre affection pour Celui que nous devons aimer par-dessus toutes les choses de ce monde. *Ama Deum et fac quod vis:* voilà donc la liberté véritable ; celle des Enfants de Dieu.

Vous voulez encore pour votre bonheur, ajouter à la liberté, l'Egalité la plus réelle, la plus réalisable en ce monde. Demandez-la encore à l'Amour de Dieu qui vous aidera à faire en vos Gouvernants, abstraction des personnalités humaines pour ne plus considérer en eux que la Divinité qu'ils représentent ; à l'Amour de Dieu qui loin d'effacer en nous aucun trait de ressemblance et de similitude, nous rendra tous égaux auprès du Père Céleste. tout en conservant les hiérarchies essentiellement nécessaires et indispensables dans tout corps social. Oui, l'amour de Dieu fera ainsi que vous obéirez facilement au plus faible mortel ; à celui-là même qui aura les plus grandes faiblesses toujours plus ou moins inséparables de notre humanité. De même aussi qu'il donnera au plus grand Potentat la force de commander avec le plus grand devoûment, comme en qualité de serviteur des serviteurs.

Voici sur l'obéissance chrétienne la belle doctrine de saint Paul qu'il nous plairait beaucoup de pouvoir développer ici. Nous la livrons à la méditation du lecteur.

« Enfants *obéissez au Seigneur* dans la personne de vos Parents ; car cela est juste... Et vous Pères, ne provoquez point vos Enfants à la colère, mais élevez-les en les instruisant et en les corrigeant *selon le Seigneur*. Serviteurs obéissez avec crainte et respect, dans la simplicité de votre cœur et *comme à Jésus-Christ même*, à tous ceux qui sont vos maîtres selon la chair. Ne les servez pas seulement lorsqu'ils ont l'œil sur vous, comme si vous ne pensiez qu'à plaire à des hommes ; mais accomplissez du fond du cœur la volonté de Dieu, *comme des serviteurs de Jésus-Christ*. Servez-les avec affection regardant en eux le Seigneur et non les hommes ; sachant que chacun recevra du Seigneur la récompense du bien qu'il aura fait, qu'il soit esclave ou libre. Et vous maîtres, ayez de même de l'affection pour vos serviteurs, ne les traitant point avec rigueur et avec menaces ; sachant que vous avez les uns et les autres un maître commun dans le Ciel, qui n'aura pas d'égards à la condition des personnes. » (Eph. cap. VI, v. 1 à 12.

Et maintenant demandez-moi encore la véritable Fraternité ? Vous ne la trouverez aussi que dans l'amour de Dieu et spécialement du Sauveur, Jésus qui non-seulement nous a montré comme nous l'avons dit, un même Père, un même Frère et une même Mère à tous, pour établir parmi nous les liens les plus intimes qui puissent exister entre tous les membres d'une même famille ; mais qui veut encore que nous fassions pour notre prochain plus que nous ne ferions pour un simple frère ; lorsqu'il nous dit qu'il considérera comme accordés à lui-même tous les services que nous aurons rendus en son nom à nos semblables. Et ici encore par le moyen de l'amour de Dieu la charité chrétienne et plus que fraternelle, fait abstraction de la personnalité humaine dans le prochain notre semblable, et jusque dans nos ennemis, pour les faire bénéficier des dévoûments les plus complets que seule la Divinité en les trois personnes de sa Trinité sainte, peut mériter, et obtenir de nous.

Saint-Luc c. ix, v. 48 : « Jésus voyant les pensées de leur cœur prît un petit enfant et le plaça près de lui ; et il leur dit : quiconque recevra ce petit enfant en mon nom, me recevra moi-même ; et quiconque me recevra, recevra celui qui m'a envoyé. »

Saint-Mathieu xxv, 31 : « Quand le fils de l'homme viendra dans sa majesté et tous les anges avec lui, il s'assiéra sur le trône de sa gloire et toutes les nations seront assemblées devant lui.... et il leur dira : j'ai eu faim et vous m'avez donné à manger...... Et les justes lui diront : Seigneur quand est-ce que nous vous avons vu avoir faim et que nous vous avons donné à manger ; ou avoir soif et que nous vous avons donné à boire ? quand est-ce que nous vous avons vu étranger et que nous vous avons recueilli ; ou sans vêtements et que nous vous avons vêtu ? quand est-ce que nous vous avons vu malade, ou prisonnier et que nous vous avons visité ? — Et le roi répondant leur dira : je vous dis en vérité qu'autant de fois que vous l'avez fait pour l'un des moindres de mes frères, c'est à moi que vous l'avez fait.... »

Voltairiens osez donc encore proférer ce cri horrible : écrasons l'infâme !.... Sociétés secrètes laissez donc encore vos chefs signer de leur sang ce serment inhumain d'une guerre sans fin et sans merci à l'Eglise, à la Papauté et à tous ceux à qui est confié le gouvernement humain dans ce monde... Radicaux modernes et récents qu'elle résonne donc encore dans les profondeurs de votre poitrine cette parole iuqualifiable : le Clérical, l'Ultramontain, c'est-à-dire, le catholique véritable, voilà l'ennemi.

Et venez cependant, au moment même où vous les anéantissez, faire luire à nos yeux un trompeur mirage de la Liberté, de l'Egalité et de la Fraternité que le catholicisme seul peut nous donner dans leur réalité et leur plénitude autant toutefois que le comportera la faiblesse des choses de ce monde.

Chrétiens catholiques, apostoliques et romains nous serons toujours heureux de montrer par notre doctrine et par nos actes que seuls en ce monde, nous possédons, quoique qu'on en dise, et dans leur apogée, le Patriotisme et les Vertus sociales. Seuls, au moins, nous en avons le foyer producteur.

§ XII.

Que conclure de tout ce présent écrit ? Une seule chose de la plus grande importance pratique.

C'est qu'en notre France actuellement nous devons, en faisant trève à tout esprit de parti, accepter le gouvernement représentatif, mais en le modifiant le plus tôt possible, avec le plus grand calme et dans la plus grande régularité, pour ce qui a rapport soit aux Electeurs, soit aux Eligibles ; et en l'améliorant de plus en plus par les progrès de chaque citoyen dans les vertus chrétiennes.

Oui, qu'en France aussi bien que dans tous les autres pays du monde et contrairement à tous les désirs de l'ennemi commun, l'Eglise catholique et la Papauté, organes du divin Sauveur, règnent de plus en plus sur tous les esprits et sur tous les cœurs, afin que s'avançant de progrès en progrès l'humanité, à laquelle Jésus-Christ a daigné s'unir si intimement, retrouve dès ici-bas son paradis terrestre ; et ensuite dans les cieux, sa glorification éternelle et bienheureuse.

Laudetur Jésus-Christus.